I0445525

Todos los libros de Linkgua Ediciones cuentan con modelos de Inteligencia Artificial entrenados por hispanistas. Pregúntale al chat de tu libro lo que desees acerca de la obra o su autor/a.

Para ebooks: Accede a nuestro modelo de IA a través de este enlace.

Para libros impresos: Escanea el código QR de la portada con tu dispositivo móvil.

Obtén análisis detallados de nuestros libros, resúmenes, respuestas a tus preguntas y accede a nuestras ediciones críticas generativas para una experiencia de lectura más enriquecedora.
La transparencia y el respeto hacia la autoría de las fuentes utilizadas son distintivos básicos de nuestro proyecto. Por ello, las respuestas ofrecen, mediante un sistema de citas, las fuentes con las que han sido elaboradas.

Manuel Gutiérrez Nájera

Poemas

Barcelona 2024
Linkgua-ediciones.com

Créditos

Título original: Poemas.

© 2024, Red ediciones S.L.

e-mail: info@linkgua.com

Diseño de la colección: Michel Mallard.

ISBN rústica ilustrada: 978-84-9953-695-8.
ISBN tapa dura: 978-84-1126-659-8.
ISBN ebook: 978-84-9897-996-1.

Sumario

Brevísima presentación

La vida

Manuel Gutiérrez Nájera (México, 1859-1895).
Dedicó su vida al periodismo. Publicó con seudónimos como
«El Duque Job» una extensa obra en prosa de gran impor-
tancia para el modernismo en la que destacan sus crónicas
a las que infundió un estilo ligero y ameno, de gran perso-
nalidad expresiva. Escribió además numerosos relatos. Hizo
asimismo crítica literaria y teatral.

En 1894 fundó, junto a Carlos Díaz Dufóo, la *Revista
Azul* que llegó a ser una referencia privilegiada del modernismo en México.

De temperamento religioso y sensibilidad romántica, su
poética es afín a la concepción romántico-simbolista de la
poesía por su rechazo al realismo y al positivismo y su defensa de la belleza en sí, liberada de la moral y la preocupación
humanista y social.

Nájera se sentía heredero de la idea del arte por el arte,
que en Francia propagara Théophile Gautier, a quien tanto
admiró. Sus lecturas de Musset, entre otros, y las del italiano
Leopardi, influyeron en los elementos románticos y parnasis-
tas que marcan su poesía.

A un triste

¿Por qué de amor la barca voladora
con ágil mano detener no quieres
y esquivo menosprecias los placeres
de Venus, la impasible vencedora?

A no volver los años juveniles
huyen como saetas disparadas
por mano de invisible Sagitario;
triste vejez, como ladrón nocturno,
sorpréndenos sin guarda ni defensa,
y con la extremidad de su arma inmensa,
la copa del placer vuelca Saturno.

¡Aprovecha el minuto y el instante!
Hoy te ofrece rendida la hermosura
de sus hechizos el gentil tesoro,
y llamándote ufana en la espesura,
suelta Pomona sus cabellos de oro.

En la popa del barco empavesado
que navega veloz rumbo a Citeres,
de los amigos el clamor te nombra,
mientras, tendidas en la egipcia alfombra,
sus crótalos agitan las mujeres.

¡Deja, por fin, la solitaria playa,
y coronado de fragantes flores,
descansa en la barquilla de las diosas!
¿Qué importa lo fugaz de los amores?
¡También expiran jóvenes las rosas!

Ama aprisa

Mientras ufana la risa
de tus labios no se aleje,
si quieres que te aconseje
¡ama aprisa!

Con raudo mariposeo
se va de esta a aquella flor
en las alas del deseo,
libando el licor hibleo del amor.

¡Seres y cosas felices
jamás tuvieron raíces!
Se ven marchitas las rosas
y mustias las margaritas...
¡Pero no se ven marchitas
ni alondras ni mariposas!

Con gentileza y donaire
se paran en donde quieren,
y cuando al cabo se mueren
su libre tumba es el aire.

Ama a cuantas
te quieran también amar,
porque siendo tantas, tantas
¡no las podrás recordar!

¡Ama al velo
que solo las almas malas

están prendidas al suelo.
¡Todo lo que sube al cielo
tiene alas!

Hay, aquí; mañana, allá;
sin locura ni pasión
como quien de paso va
y seguro de que está
en casa su corazón.

Haz la amorosa comedia
o la comedia divina...
¡Mas córtala si declina
en tragedia!

¡Todo en risa, todo en risa!
¡Todo entre galán y dama!
Sin amar a todas, ama...
pero aprisa, muy aprisa.

Que así, yendo sin cesar
de esta flor a aquella flor,
cuando te quiera buscar
no te encontrará el dolor.

Mas ¡ay! que en esta infinita
mudanza eterna del alma
todo nuestro ser agita
sed insaciable de calma.

Sé para el amor travieso
en labios de hermosas locas,

y allí conoce las bocas...
¡pero no conoce el beso!

En las breñas del camino
se queda el alma cansada,
como túnica de lino
por las zarzas desgarrada.

Noche helada
cae al campo solitario,
como las noches del polo,
y envuelto en ese sudario
queda el espíritu solo.

Quiso Dios
que abran las almas el vuelo;
mas solo llegan al cielo
las que van de dos en dos.

Las otras vagan errantes,
en el espacio perdidas...
Pero, muertos o inconstantes,
ya no vendrán los amantes
de esas blancas prometidas.

Busca, busca a la mujer
que da paz al pecho herido,
y en llegándola a tener,
forma un nido.

¡Los pájaros son muy sabios!
Huye la risa de prisa,
y cuando se va la risa

¡qué secos quedan los labios!

No vuelan las ilusiones
ni ostentan sus ricas galas
sino teniendo por alas
dos alas de corazones.

Haz pues lo que te aconsejo;
como la hermosa un espejo,
así el alma busca ansiosa
otra alma tierna y amada,
y solo se mira hermosa
si en ella está retratada.

Intranquilo cazador
que marchas entre las flores,
sabe que huyen los amores
y que es eterno el amor.

Y mientras para él no existe,
pierde el mirto su follaje
y aparece enfermo y triste;
mas ya verás cuál se viste
en mayo, con rojo encaje.

Impacientes las palomas
vuelan por valles y lomas
de libres hacienda alarde,
con caprichoso volar,
pero cuando cae la tarde,
regresan al palomar.

De blanco

¿Qué cosa más blanca que cándido lirio?
¿Qué cosa más pura que místico cirio?
¿Qué cosa más casta que tierno azahar?
¿Qué cosa más virgen que leve neblina?
¿Qué cosa más santa que el ara divina
       de gótico altar?

¡De blancas palomas el aire se puebla;
con túnica blanca, tejida de niebla,
se envuelve a lo lejos del feudal torreón;
erguida en el huerto la trémula acacia
al soplo del viento sacude con gracia
       su níveo pompón!

¿No ves en el monte la nieve que albea?
La torre muy blanca domina la aldea,
las tiernas ovejas triscando se van,
de cisnes intactos el lago se llena,
columpia su copa la enhiesta azucena,
y su ánfora inmensa levanta el volcán.

Entremos al templo: la hostia fulgura;
de nieve parecen las canas del cura,
vestido con alba de lino sutil;
cien niñas hermosas ocupan las bancas,
y todas vestidas con túnicas blancas
en ramos ofrecen las flores de abril.

Subamos al coro: la virgen propicia
escucha los rezos de casta novicia,

y el cristo de mármol expira en la cruz;
sin mancha se yerguen las velas de cera;
de encaje es la tenue cortina ligera
que ya transparente del alba la luz.

Bajemos al campo: tumulto de plumas
parece el arroyo de blancas espumas
que quieren, cantando, correr y saltar;
la airosa mantilla de fresca neblina
terció la montaña: la vela latina
de barca ligera se pierde en el mar.

Ya salta del lecho la joven hermosa,
y el agua refresca sus hombros de diosa,
sus brazos ebúrneos, su cuello gentil;
cantando y risueña se ciñe la enagua
y trémulas brillan las gotas de agua
en su árabe peine de blanco marfil.

¡Oh mármol! ¡Oh nieve! ¡Oh inmensa blan-
cura
que esparces doquiera tu casta hermosura!
¡Oh tímida virgen! ¡Oh casta vestal!
Tú estás en la estatua de eterna belleza,
de hábito blanco nació la pureza,
¡al ángel das alas, sudario al mortal!

Tú cubres al niño que llega a la vida,
coronas las sienes de fiel prometida,
al paje revistes de rico tisú.
¡Qué blancos son, reinas, los mantos de ar-
miño!
¡Qué blanca es, oh madres, la cuna del niño!
¡Qué blanca, mi amada, qué blanca eres tú!

Efímeras

Idos, dulces ruiseñores.
Quedó la selva callada,
y a su ventana, entre flores,
no sale mi enamorada.

Notas, salid de puntillas;
está la niñita enferma...
Mientras duerme en mis rodillas,
dejad, ¡oh notas!, que duerma.

Luna, que en marco de plata
su rostro copiabas antes,
si hoy tu cristal lo retrata
acaso, Luna, la espantes.

Al pie de su lecho queda
y aguarda a que buena esté,
coqueto escarpín de seda
que oprimes su blanco pie.

Guarda tu perfume, rosa,
guarda tus rayos, lucero,
para decir a mi hermosa,
cuando sane que la quiero.

En un abanico

Pobre verso condenado
a mirar tus labios rojos
y en la lumbre de tus ojos
quererse siempre abrasar.

Colibrí del que se aleja
el mirto que lo provoca
y ve de cerca tu boca
y no la puede besar.

Frente a frente

Oigo el crujir de tu traje,
turba tu paso el silencio,
pasas mis hombros rozando
y yo a tu lado me siento.
Eres la misma: tu talle,
como las palmas, esbelto,
negros y ardientes los ojos,
blondo y rizado el cabello;
blando acaricia mi rostro
como un suspiro tu aliento;
me hablas como antes me hablabas,
yo te respondo muy quedo,
y algunas veces tus manos
entre mis manos estrecho.

¡Nada ha cambiado: tus ojos
siempre me miran serenos,
como a un hermano me buscas,
como a una hermana te encuentro!
¡Nada ha cambiado: la Luna
deslizando su reflejo
a través de las cortinas
de los balcones abiertos;
allí el piano en que tocas,
allí el velador chinesco
y allí tu sombra, mi vida,
en el cristal del espejo.

Todo lo mismo: me miro,
pero al mirarte no tiemblo,

cuando me miras no sueño.
Todo lo mismo, peor algo
dentro de mi alma se ha muerto.
¿Por qué no sufro como antes?
¿Por qué, mi bien, no te quiero?

Estoy muy triste; si vieras,
desde que ya no te quiero
siempre que escucho campanas
digo que tocan a muerto.
Tú no me amabas pero algo
daba esperanza a mi pecho,
y cuando yo me dormía
tú me besabas durmiendo.

Ya no te miro como antes,
ya por las noches no sueño,
ni te esconden vaporosas
las cortinas de mi lecho.
Antes de noche venías
destrenzando tu cabello,
blanca tu bata flotante,
tiernos tus ojos de cielo;
lámpara opaca en la mano,
negro collar en el cuello,
dulce sonrisa en los labios
y un azahar en el pecho.

Hoy no me agito si te hablo
ni te contemplo si duermo,
ya no se esconde tu imagen
en las cortinas del techo.

Ayer vi a un niño en la cuna;
estaba el niño durmiendo,
sus manecitas muy blancas,
muy rizado su cabello.
No sé por qué, pero al verle
vino otra vez tu recuerdo,
y al pensar que no me amaste,
sollozando le di un beso.

Luego, por no despertarle,
me alejé quedo, muy quedo.
¡Qué triste que estaba el alma!
¡Qué triste que estaba el cielo!
Volví a mi casa llorando,
me arrojé luego en el lecho.
Todo estaba solitario,
todo muy negro, muy negro,
como una tumba mi alcoba,
la tarde tenue muriendo
mi corazón con el frío.

Busqué la flor que me diste
una mañana en tu huerto
y con mis manos convulsas
la apreté contra mi pecho;
miré luego en torno mío
y la sombra me dio miedo...
Perdóname, sí, perdona,
¡no te quiero, no te quiero!

Hojas secas

¡En vano fue buscar otros amores!
¡En vano fue correr tras los placeres,
que es el placer un áspid entre flores,
y son copos de nieve las mujeres!

Entre mi alma y las sombras del olvido
existe el valladar de su memoria:
que nunca olvida el pájaro su nido
ni los esclavos del amor su historia.

Con otras ilusiones engañarme
quise, y entre perfumes adormirme.
¡Y vino el desengaño a despertarme,
y vino su memoria para herirme!

¡Ay, mi pobre alma, cuál te destrozaron
y con cuánta inclemencia te vendieron!
Tú quisiste amar ¡y te mataron!
Tú quisiste ser buena ¡y te perdieron!

¡Tanto amor, y después olvido tanto!
¡Tanta esperanza convertida en humo!
Con razón en el fuego de mi llanto
como nieve a la lumbre me consumo.

¡Cómo olvidarla, si es la vida mía!
¡Cómo olvidarla, si por ella muero!
¡Si es mi existencia lúgubre agonía,
y con todo mi espíritu la quiero!

En holocausto dila mi existencia,
la di un amor purísimo y eterno,
y ella en cambio, manchando mi conciencia,
en pago del edén, diome el infierno.

¡Y mientras más me olvida, más la adoro!
¡Y mientras más me hiere, más la miro!
¡Y allá dentro del alma siempre lloro,
y allá dentro del alma siempre expiro!

El eterno llorar: tal es mi suerte;
nací para sufrir y para amarla.
¡Solo el hacha cortante de la muerte
podrá de mis recuerdos arrancarla!

La duquesa Job

A Manuel Puga y Acal

En dulce charla de sobremesa,
mientras devoro fresa tras fresa
y abajo ronca tu perro Bob,
te haré el retrato de la duquesa
que adora a veces el duque Job.

No es la condesa que Villasana
caricatura, ni la poblana
de enagua roja que Prieto amó;
no es la criadita de pies nudosos,
ni la que sueña con los gomosos
y con los gallos de Micoló.

Mi duquesita, la que me adora,
no tiene humos de gran señora;
es la griseta de Paul de Kock.
No baila «boston», y desconoce
de las carreras el alto goce,
y los placeres del «five o'clock».

Pero ni el sueño de algún poeta,
ni los querubes que vio Jacob,
fueron tan bellos cual la coqueta
de ojitos verdes, rubia griseta
que adora a veces el duque Job.

Si pisa alfombra no es en su casa,
si por Plateros alegre pasa
y la saluda Madame Marnat,

no es, sin disputa, porque la vista,
sí porque a casa de otra modista
desde temprano rápida va.

No tiene alhajas mi duquesita,
pero es tan guapa y tan bonita,
y tiene un cuerpo tan v'lan, tan «pschutt»,
de tal manera trasciende a Francia,
que no le igualan en elegancia
ni las clientes de Hélene Kossut.

Desde las puertas de la Sorpresa
hasta la esquina del Jockey Club,
no hay española, yankee o francesa,
ni más bonita, ni más traviesa
que la duquesa del duque Job.

¡Cómo resuena su taconeo
en las baldosas! ¡Con qué meneo
luce su talle de tentación!
¡Con qué airecito de aristocracia
mira a los hombres, y con qué gracia
frunce los labios! ¡Mimí Pinson!

Si alguien la alcanza, si la requiebra,
ella, ligera como una cebra,
sigue camino del almacén;
pero ¡ay del tuno si alarga el brazo!
Nadie le salva del sombrillazo
que le descarga sobre la sien.

¡No hay en el mundo mujer más linda!
¡Pie de andaluza, boca de guinda,

«sprint» rociado de Veuve Clicot;
talle de avispa, cutis de ala,
ojos traviesos de colegiala
como los ojos de Louise Theo!

Ágil, nerviosa, blanca, delgada,
media de seda bien estirada,
gola de encaje, corsé de ¡crac!,
nariz pequeña, garbosa, cuca,
y palpitantes sobre la nuca
rizos tan rubios como el coñac.

Sus ojos verdes bailan el tango;
nada hay más bello que el arremango
provocativo de su nariz.
Por ser tan joven y tan bonita
cual mi sedosa blanca gatita,
diera sus pajes la emperatriz.

¡Ah! Tú no has visto, cuando se peina,
sobre sus hombros de rosa reina
caer los rizos en profusión.
¡Tú no has oído qué alegre canta,
mientras sus brazos y su garganta
de fresca espuma cubre el jabón!

¡Y los domingos! ... ¡Con qué alegría
oye en su lecho bullir el día
y hasta las nueve quieta se está!
¡Cuál se acurruca la perezosa,
bajo la colcha color de rosa,
mientras a misa la criada va!

La breve cofia de blanco encaje
cubre sus rizos, el limpio traje
aguarda encima del canapé;
altas, lustrosas y pequeñitas
sus puntas muestran las dos botitas,
abandonadas del catre al pie.

Después, ligera, del lecho brinca;
¡oh, quién la viera cuando se hinca
blanca y esbelta sobre el colchón!
¿Qué vale junto de tanta gracia
las niñas ricas, la aristocracia,
ni mis amigas de cotillón?

Toco; se viste; me abre; almorzamos;
con apetito los dos tomamos
un par de huevos y un buen «beefsteak»,
media botella de rico vino,
y en coche, juntos, vamos camino
del pintoresco Chapultepec.

Desde las puertas de la Sorpresa
hasta la esquina del Jockey Club,
no hay española, yankee o francesa,
ni más bonita ni más traviesa
que la duquesa del duque Job.

La misa de las flores

Boileau se queda en el aula
y Voltaire en la ciudad.
¡Musa, al campo! ¡Abre la jaula!
¡Señores versos, entrad!

Alce la oda en el bosque
su deslumbrante oriflama;
que la sátira se enrosque
y que brinque el epigrama.

Beba el madrigal coqueto
en los lirios vino blanco,
y pensativo el soneto
descanse en rústico banco.

Tenue, frígido remusgo
entre los alcores sopla.
¡Cuántas perlas en el musgo
hay para tu cuello, copla!

Despierta, perezosilla:
despierta, que viene el alba...
Para hacerte una sombrilla
cortó Robín esta malva.

Deja tu alcoba: el jazmín
no en blanco reposo olvides,
que te aguarda tu escarpín,
tu pequeño no me olvides.

La persiana de cristal
que anoche tejió la escarcha
en tu cámara nupcial
rompe de un soplo, ¡y en marcha!

Ya no triste soliloquia
el nocturno ruiseñor,
y el gorrión madrugador
llama a misa en la parroquia.

Vamos al templo. Hoy es fiesta.
Tulipán dirá el sermón;
en la misa, gran orquesta;
y en la tarde, procesión.

Palomas y codornices
con hojitas de azahares,
remiendan sobrepellices
y componen los altares.

Un pobre topo, el más mandria
y apocado, barre el coro.
¡Hoy va a cantar la calandria,
la calandria de voz de oro!

Será el zentzontle, tenor;
jilguero, primer violín;
y maestro director
el arrogante clarín.

La pila de agua bendita
que está en el rincón umbrío,
es silvestre margarita

llena de fresco rocío.

El candelabro mayor
es una hermosa araucaria,
y aquel altar, siempre en flor,
es de santa pasionaria.

Mil cazoletas de almendro
perfuman el tabernáculo;
ya viene con mitra y báculo
monseñor el rododendro.

Van los breves aretillos
repicando cascabeles,
y detrás, rojos claveles
vestidos de monaguillos.

Doble sarta de corales
parecen: mira al monago
que marcha entre dos ciriales
y alza la cruz de Santiago.

Otro, guapo y petimetre,
va con acetre e hisopo,
y el hisopo de su acetre
es un pompón de heliotropo.

Del coro, bajo en las rejas,
absortas en sus plegarias,
se agrupan las trinitarias,
que tienen caras de viejas.

¿No miras los blancos cirios

de plateadas escamas?
Son encarrujados lirios,
y de mirto son las llamas.

A la camelia patricia
ya la azalea pizpireta
ve azucena la novicia
con sus ojos de violeta.

En bello sitial la dalia
como priora se esponja,
mientras la tórtola monja
entra de sayo y sandalia.

Abajo, frescas sirídeas
cubren la arena del piso;
y forman árido friso
en los muros, las orquídeas.

¿No oíste parar un coche?
Es del alcalde. ¡Qué gruesa
va la señora alcaldesa
con su dondiego de noche!

En cambio, ¡qué jubilosas,
qué frescas y qué elegantes
están las jóvenes rosas!
¡Qué indevotos sus amantes!

Aquél que de negro viste,
el de las grandes ojeras,
es un pensamiento triste...
¡Sufre mucho! ¡Si supieras...!

Mas ¡silencio! ¡De rodillas!
Ya el monago, de roquete,
girar hace el rehilete
de azulinas campanillas.
Parece el altar brillante
ascua de plata inflamada:
¡ya levanta el oficiante
la gardenia inmaculada!

Luego, una ráfaga fría
súbita baja del coro
y apaga la luz que ardía
en el gran trébol de oro.

Los rojos mirtos prendidos
en los cirios, azulean,
se retuercen, parpadean
y quédanse, al fin, dormidos.

Sus pábilos en hilera
simulan negro rosario;
por la torcida escalera
baja el cuervo al santuario.

Frente al sagrario se hinca,
el agudo pico tiende;
y, lámpara azul, se enciende,
tremulante, la pervinca.

Salgamos: la muda selva
derrama dulce beleño
y esparce la madreselva

su apacible olor de sueño.

Cierran las flores sus broches;
calla la breve campana:
flores nuevas, buenas noches;
Musa azul, hasta mañana.

La serenata de Schubert

¡Oh, qué dulce canción! Límpida brota
esparciendo sus blandas armonías,
y parece que lleva en cada nota
¡muchas tristezas y ternuras mías!
¡Así hablara mi alma... si pudiera!
¡Así dentro del seno,
se quejan, nunca oídos, mis dolores!
Así, en mis luchas, de congoja lleno,
digo a la vida: «¡Déjame ser bueno!»
¡Así sollozan todos mis amores!
¿De quién es esa voz? Parece alzarse
junto del lago azul, en noche quieta,
subir por el espacio, y desgranarse
al tocar el cristal de la ventana
que entreabre la novia del poeta...
¿No la oís como dice: «Hasta mañana»?
¡Hasta mañana, amor! El bosque espeso
cruza, cantando, el venturoso amante,
y el eco vago de su voz distante
decir parece: «¡Hasta mañana, beso!»
¿Por qué es preciso que la dicha acabe?
¿Por qué la novia queda en la ventana
y a la nota que dice: «¡Hasta mañana!»
el corazón responde: «¿Quién lo sabe?»
¡Cuántos cisnes jugando en la laguna!
¡Qué azules brincan las traviesas olas!
En el secreto ambiente ¡cuánta Luna!
mas las almas ¡qué tristes y qué solas!
En las ondas de plata
de la atmósfera tibia y transparente,

como una Ofelia náufraga y doliente
¡va flotando la tierna serenata!...
Hay ternura y dolor en ese canto,
y tiene esa amorosa despedida
la transparencia nítida del llanto...
¡y la inmensa tristeza de la vida!
¿Qué tienen esas notas? ¿Por qué lloran?
Parecen ilusiones que se alejan...
sueños amantes que piedad imploran,
y, como niños huérfanos, ¡se quejan!
Bien sabe el trovador cuán inhumana
para todos los buenos es la suerte...,
que la dicha es «ayer»... y que mañana
es el dolor, la oscuridad, ¡la muerte!
El alma se compunge y estremece
al oír esas notas sollozadas...
¡Sentimos, recordamos, y parece
que surgen muchas cosas olvidadas!
¡Un peinador muy blanco y un piano!
Noche de Luna y de silencio afuera...,
un volumen de versos en mi mano,
y en el aire y en todo, ¡primavera!
¡Qué olor de rosas frescas! En la alfombra,
¡qué claridad de Luna! ¡Qué reflejos!
¡Cuántos besos dormidos en la sombra,
y la Muerte, la pálida, qué lejos!
En torno al velador, niños jugando...,
la anciana, que en silencio nos veía,
Schubert en su piano sollozando,
y en mi libro, Musset con su «Lucía».
¡Cuántos sueños en mi alma y en tu alma!
¡Cuántos hermosos versos, cuántas flores!
En tu hogar apacible, ¡cuánta calma!,

y en mi pecho, ¡qué inmensa sed de amores!
¡Y todo ya muy lejos, todo ido!
¿En dónde está la rubia soñadora?
¡Hay muchas aves muertas en el nido,
y vierte muchas lágrimas la aurora!...
Todo lo vuelvo a ver... ¡pero no existe!
Todo ha pasado ahora..., ¡y no lo creo!
Todo está silencioso, todo triste...
¡Y todo alegre, como entonces, veo!
Esta es la casa..., ¡su ventana aquélla!
ése el sillón en que bordar solía...,
la reja verde... y la apacible estrella
que mis nocturnas pláticas oía...
Bajo el cedro robusto y arrogante,
que allí domina la calleja oscura,
por la primera vez y palpitante
estreché con mis brazos su cintura.
¡Todo presente en mi memoria queda!
La casa blanca, y el follaje espeso...,
el lago azul..., el huerto, la arboleda
¡donde nos dimos, sin pensarlo, un beso!
Y te busco, cual antes te buscaba,
y me parece oírte entre las flores,
cuando la arena del jardín rozaba
el ruedo de tus blancos peinadores.
¡Y nada existe ya! Calló el piano...
Abriste, virgencita, la ventana...,
y oprimiendo mi mano con tu mano,
me dijiste también: «Hasta mañana».
¡Hasta mañana!... Y el amor risueño
no pudo en tu camino detenerte...
Y lo que tú pensaste que era un sueño,
fue sueño, sí, ¡pero inmenso!, ¡el de la muerte!

¡Ya nunca volveréis, noches de plata,
ni unirán en mi alma su armonía,
Schubert con su doliente serenata
y el pálido Musset con su «Lucía»!

Las mariposas

Ora blancas cual copos de nieve,
ora negras, azules o rojas,
en miríadas esmaltan el aire
y en los pétalos frescos retozan.
Leves saltan del cáliz abierto,
como prófugas almas de rosas
y con gracia gentil se columpian
en sus verdes hamacas de hojas.
Una chispa de luz les da vida
y una gota al caer las ahoga;
aparecen al claro del día,
y ya muertas las halla la sombra.

¿Quién conoce sus nidos ocultos?
¿En qué sitio de noche reposan?
¡Las coquetas no tienen morada!...
¡Las volubles no tienen alcoba!...
Nacen, aman, y brillan y mueren,
en el aire, al morir se transforman,
y se van sin dejarnos su huella,
cual de tenue llovizna las gotas.

Tal vez unas en flores se truecan,
y llamadas al cielo las otras,
con millones de alitas compactas
el arco iris espléndido forman.
Vagabundas, ¿en dónde está el nido?
Sulamita, ¿qué harén te aprisiona?
¿A qué amante prefieres, coqueta?
¿En qué tumbas dormís, mariposas?

¡Así vuelan y pasan y expiran
las quimeras de amor y de gloria,
esas alas brillantes del alma,
ora blancas, azules o rojas!
¿Quién conoce en qué sitio os perdisteis,
ilusiones que sois mariposas?
¡Cuán ligero voló vuestro enjambre
al caer en el alma la sombra!

Tú, la blanca, ¿por qué ya no vienes?
¿No eres fresco azahar de mi novia?
Te formé con un grumo del cirio
que de niño llevé a la parroquia;
eres casta, creyente, sencilla,
y al posarte temblando en mi boca
murmurabas, heraldo de goces,
«¡Ya está cerca tu noche de bodas!»

¡Ya no viene la blanca la buena!
¡Ya no viene tampoco la roja,
la que en sangre teñí, beso vivo,
al morder unos labios de rosa!
Ni la azul que me dijo: ¡poeta!
¡Ni la de oro, promesa de gloria!
¡Es de noche... ya no hay mariposas!

¡Ha caído la tarde en el alma!
Encended ese cirio amarillo...
¡Las que tienen las alas muy negras
ya vendrán en tumulto las otras,
y se acercan en fúnebre ronda!
¡Compañeras, la pieza está sola!

Si por mi alma os habéis enlutado,
¡Venid pronto, venid mariposas!

Las novias pasadas son copas vacías

Las novias pasadas son copas vacías;
en ella pusimos un poco de amor;
el néctar tomamos... huyeron los días...
¡Traed otras copas con nuevo licor!

Champán son las rubias de cutis de azalia;
borgoña los labios de vivo carmín;
los ojos oscuros son vino de Italia,
los verdes y claros son vino del Rin.

Las bocas de grana son húmedas fresas;
las negras pupilas escancian café;
son ojos azules las llamas traviesas
que trémulas corren como almas del té.

La copa se apura, la dicha se agota;
de un sorbo tomamos mujer y licor...
Dejemos las copas... Sí queda una gota,
¡Que beba el lacato las heces del amor!

Madre naturaleza

Madre, madre, cansado y soñoliento
quiero pronto volver a tu regazo;
besar tu seno, respirar tu aliento
y sentir la indolencia de tu abrazo.

Tú no cambias, ni mudas, ni envejeces;
en ti se encuentra la virtud perdida,
y tentadora y joven apareces
en las grandes tristezas de la vida.

Con ansia inmensa que mi ser consume
quiero apoyar las sienes en tu pecho,
tal como el niño que la nieve entume
busca el calor de su mullido lecho.

¡Aire! ¡más luz, una planicie verde
y un horizonte azul que la limite,
sombra para llorar cuando recuerde,
cielo para creer cuando medite!

Abre, por fin, hospedadora muda,
tus vastas y tranquilas soledades,
y deja que mi espíritu sacuda
el tedio abrumador de las ciudades.

No más continuo batallar: ya brota
sangre humeante de mi abierta herida,
y quedo inerme, con la espada rota,
en la terrible lucha por la vida.

¡Acude madre, y antes que perezca
y bajo el peso, del dolor sucumba;
o abre tus senos, y que el musgo crezca
sobre la humilde tierra de mi tumba!

Mis enlutadas

Descienden taciturnas las tristezas
al fondo de mi alma,
y entumecidas, haraposas, brujas,
con uñas negras
mi vida escarban.

De sangre es el color de sus pupilas,
de nieve son sus lágrimas,
hondo pavor infunden... Yo las amo
por ser las solas
que me acompañan.

Aguárdolas ansioso, si el trabajo
de ellas me separa,
y búscolas en medio del bullicio,
y son constantes,
y nunca tardan.

En las fiestas, a ratos se me pierden
o se ponen la máscara,
pero luego las hallo, y así dicen:
—¡Ven con nosotras!
vamos a casa.

Suelen dejarme cuando sonriendo
mis pobres esperanzas
como enfermitas, ya convalecientes,
salen alegres
a la ventana.

Corridas huyen, pero vuelven luego
y por la puerta falsa
entran trayendo como nuevo huésped
alguna triste,
lívida hermana.

Ábrese a recibirlas la infinita
tiniebla de mi alma,
y van prendiendo en ella mis recuerdos
cual tristes cirios
de cera pálida.

Entre esas luces, rígido, tendido,
mi espíritu descansa;
y las tristezas, revolando en torno,
lentas salmodias
rezan y cantan.

Escudriñan del húmedo aposento
rincones y covachas,
el escondrijo do guardé cuidado
todas mis culpas,
todas mis faltas.

Y hurgando mudas, como hambrientas lobas,
las encuentran, las sacan,
y volviendo a mi lecho mortuorio
me las enseñan
y dicen: habla.

En lo profundo de mi ser bucean,
pescadoras de lágrimas,
y vuelven mudas con las negras conchas

en donde brillan
gotas heladas.

A veces me revuelvo contra ellas
y las muerdo con rabia,
como la niña desvalida y mártir
muerde a la arpía
que la maltrata.

Pero enseguida, viéndose impotente,
mi cólera se aplaca.
¿Qué culpa tienen, pobres hijas mías,
si yo las hice
con sangre y alma?

Venid, tristezas de pupila turbia,
venid, mis enlutadas,
las que viajáis por la infinita sombra,
donde está todo
lo que se ama.

Vosotras no engañáis: venid, tristezas,
oh mis criaturas blancas,
abandonadas por la madre impía,
tan embustera
por la esperanza!

Venid y habladme de las cosas idas
de las tumbas que callan,
de muertos buenos y de ingratos vivos...
Voy con vosotras,
vamos a casa.

Non Omnis Moriar

¡No moriré del todo, amiga mía!
De mi ondulante espíritu disperso,
algo en la urna diáfana del verso,
piadosa guardará la poesía.

¡No moriré del todo! Cuando herido
caiga a los golpes del dolor humano,
ligera tú, del campo entenebrido
levantarás al moribundo hermano.

Tal vez para entonces por la boca inerme
que muda aspira la infinita calma,
oigas la voz de todo lo que duerme
con los ojos abiertos de mi alma.

Hondos recuerdos de fugaces días,
ternezas tristes que suspiran solas;
pálidas, enfermizas alegrías
sollozando al compás de las violas...

Todo lo que medroso oculta el hombre
se escapará vibrante, del poeta,
en áureo ritmo de oración secreta
que invoque en cada cláusula tu nombre.

Y acaso adviertas que de modo extraño
suenan mis versos en tu oído atento,
y en el cristal, que con mi soplo empaño,
mires aparecer mi pensamiento.

Al ver entonces lo que yo soñaba,
dirás de mi errabunda poesía:
era triste, vulgar lo que cantaba...
mas, ¡qué canción tan bella la que oía!

Y porque alzo en tu recuerdo notas
del coro universal, vívido y almo;
y porque brillan lágrimas ignotas
en el amargo cáliz de mi salmo;

porque existe la Santa Poesía
y en ella irradias tú, mientras disperso
átomo de mi ser esconda el verso,
¡no moriré del todo, amiga mía!

Ondas muertas

En la sombra debajo de tierra,
donde nunca llegó la mirada,
se deslizan en curso infinito
silenciosas corrientes de agua.

Las primeras, al fin, sorprendidas,
por el hierro que rocas taladra,
en inmenso penacho de espumas
hervorosas y límpidas saltan.

Mas las otras, en densa tiniebla,
retorciéndose siempre resbalan,
sin hallar la salida que buscan,
a perpetuo correr condenadas.

A la mar se encaminan los ríos,
y en su espejo movible de plata,
van copiando los astros del cielo
o los pálidos tintes del alba:

ellos tienen cendales de flores,
en su seno las ninfas se bañan,
fecundizan los fértiles valles,
y sus ondas son de agua que canta.

En la fuente de mármoles níveos,
juguetona y traviesa es el agua,
como niña que en regio palacio
sus collares de perlas desgrana;

ya cual flecha bruñida se eleva,
ya en abierto abanico se alza,
de diamantes salpica las hojas
o se duerme cantando en voz baja.

En el mar soberano las olas
los peñascos abruptos asaltan;
al moverse, la tierra conmueve
y el tumulto los cielos escalan.

Allí es vida y es fuerza invencible,
allí es reina colérica el agua,
como igual con los cielos combate
y con dioses monstruosos batalla.

¡Cuán distinta la negra corriente
a perpetua prisión condenada,
la que vive debajo de tierra
do ni yertos cadáveres bajan!

La que nunca la luz ha sentido,
la que nunca solloza ni canta,
esa muda que nadie conoce,
esa ciega que tiene esclava.

Como ella, de nadie sabidas,
como ella, de sombras cercadas,
sois vosotras también, las oscuras
silenciosas corrientes de mi alma.

¿Quién jamás conoció vuestro curso?
¡Nadie a veros benévolo baja!
Y muy hondo, muy hondo se extienden

vuestras olas cautivas que callan.

Y si paso os abrieran, saldríais,
como chorro bullente de agua,
que en columna rabiosa de espuma
sobre pinos y cedros se alza.

Pero nunca jamás, prisioneras,
sentiréis de la luz la mirada:
¡seguid siempre rodando en la sombra,
silenciosas corrientes del alma!

Para el álbum

El verso es ave: busca entumecido
follaje espeso y resplandores rojos:
¿Qué nido más caliente que tu nido?
¿Qué Sol más luminoso que tus ojos?

Para entonces

Quiero morir cuando decline el día,
en alta mar y con la cara al cielo,
donde parezca sueño la agonía,
y el alma, un ave que remonta el vuelo.

No escuchar los últimos instantes,
ya con el cielo y con el mar a solas,
más voces ni plegarias sollozantes
que el majestuoso tumbo de las olas.

Morir cuando la luz, triste, retira
sus áureas redes de la onda verde,
y ser como ese Sol que lento expira:
algo muy luminoso que se pierde.

Morir, y joven: antes que destruya
el tiempo aleve la gentil corona;
cuando la vida dice aún: soy tuya,
aunque sepamos bien que nos traiciona.

Para un corpiño

Las campánulas hermosas,
¿sabes tú qué significan?
Son campanas que repican
en las nupcias de las rosas.
—Las campánulas hermosas
son campanas que repican.

¿Ves qué rojas son las fresas?
Y más rojas si las besas...
¿Por qué es rojo su color?
Esas fresas tan suaves
son la sangre de las aves
que asesina el cazador.

Las violetas pudorosas,
en sus hojas escondidas,
las violetas misteriosas
son luciérnagas dormidas.
¿Ves mil luces cintilantes
tan brillantes cual coquetas,
nunca fijas, siempre errantes?
¡es que vuelan las violetas!
La amapola ya es casada;
cada mirto es un herido;
la gardenia inmaculada
en la blanca desposada
esperando al prometido.

Cuando flores tú me pides
y te mando «no me olvides».

y esas flores pequeñitas
que mi casto amor prefiere,
a las blancas margaritas
les preguntan; «¿No lo quiere?»

«¡No me olvides!» Frescas flores
te prodigan sus aromas
y en tus hombros seductores
se detienen las palomas.
¡No hay invierno! ¡No hay tristeza!
Con amor, naturaleza
todo agita, todo mueve...,
luz difunde, siembra vidas...

¿Ves los copos de la nieve?
¡Son palomas entumidas!
Tiene un alma cuanto es bello;
los diamantes son los trémulos amantes
de tu cuello.
La azucena que te envío
es novicia que profesa,
y en tu boca es una fresa
empapada de rocío.
Buenos dioses tutelares,
dadme ramos de azahares.

Si me muero, dormir quiero
bajo flores compasivas...
¡Si me muero, si me muero,
dadme muchas siemprevivas!

Para un menú

Las novias pasadas son copas vacías;
en ellas pusimos un poco de amor;
el néctar tomamos... huyeron los días...
¡Traed otras copas con nuevo licor!

Champán son las rubias de cutis de azalia;
Borgoña los labios de vivo carmín;
los ojos oscuros son vino de Italia,
los verdes y claros son vino de Rin.

Las bocas de grana son húmedas fresas;
las negras pupilas escancian café;
son ojos azules las llamas traviesas
que trémulas corren como almas del té.

La copa se apura, la dicha se agota;
de un sorbo tomamos mujer y licor...
Dejemos las copas... Si queda una gota,
¡que beba el lacayo las heces de amor!

Pax Animae

¡Ni una palabra de dolor blasfemo!
Sé altivo, sé gallardo en la caída,
y ve, poeta, con desdén supremo
todas las injusticias de la vida.

No busques la constancia en los amores,
no pidas nada eterno a los mortales,
y haz, artista, con todos tus dolores,
excelsos monumentos sepulcrales.

En mármol blanco tus estatuas labra,
castas en la actitud aunque desnudas,
y que duerma en sus labios la palabra
y se muestren muy tristes... ¡pero mudas!

¡El nombre!... Débil vibración sonora
que dura apenas un instante. ¡El nombre!...
¡Ídolo torpe que el iluso adora,
última y triste vanidad del hombre!

¿A qué pedir justicia ni clemencia
—si las niegan los propios compañeros
a la glacial y muda indiferencia
de los desconocidos venideros?

¿A qué pedir la compasión tardía
de los extraños que la sombra esconde?
Duermen los ecos en la selva umbría
y nadie, nadie a nuestra voz responde.

En esta vida el único consuelo
es acordarse de las horas bellas
y alzar los ojos para ver el cielo...
cuando el cielo está azul o tiene estrellas.

Huir del mar y en el dormido lago
disfrutar de las ondas el reposo.
Dormir... soñar... El sueño, nuestro mago,
es un sublime y santo mentiroso.

¡Ay! es verdad que en el honrado pecho
pide venganza la reciente herida,
pero... perdona el mal que te hayan hecho
¡todos están enfermos de la vida!

Los mismos que de flores se coronan,
para el dolor, para la muerte nacen...
Si los que tú más amas te traicionan
¡perdónalos, no saben lo que hacen!

Acaso esos instintos heredaron
y son los inconscientes vengadores
de razas o de estirpes que pasaron
acumulando todos los rencores.

¿Eres acaso el juez? ¿El impecable?
¿Tú la justicia y la piedad reúnes?
¿Quién no es fugitivo responsable
de alguno o muchos crímenes impunes?

¿Quién no ha mentido amor y ha profanado
de un alma virgen el sagrario augusto?
¿Quién está cierto de no haber matado?

¿Quién puede ser el justiciero, el justo?

¡Lástimas y perdón para los vivos!
Y así, de amor y mansedumbre llenos,
seremos cariñosos, compasivos
y alguna vez, acaso, acaso buenos!

¿Padeces? Busca a la gentil amante,
a la impasible e inmortal belleza,
y ve apoyado, como Lear errante,
en tu joven Cordelia: la tristeza.

Mira: se aleja perezoso el día.
¡Qué bueno es descansar! El bosque oscuro
nos arrulla con lánguida armonía...
El agua es virgen. El ambiente es puro.

La luz cansada, sus pupilas cierra;
se escuchan melancólicos rumores,
y la noche, al bajar, dice a la tierra:
«¡Vamos, ya está... ya duérmete, no llores!»

Recordar... Perdonar... Haber amado...
Ser dichoso un instante, haber creído...
Y luego... reclinarse fatigado
en el hombro de nieve del olvido.

Sentir eternamente la ternura
que en nuestros pechos jóvenes palpita,
y recibir, si llega, la ventura,
como a hermosa que viene de visita.

Siempre escondido lo que más amamos,

siempre en los labios el perdón risueño;
hasta que al fin ¡oh tierra! a ti vayamos
con la invencible lasitud del sueño.

Esa ha de ser la vida del que piensa
en lo fugaz de todo lo que mira,
y se detiene, sabio, ante la inmensa
extensión de tus mares ¡oh mentira!

Corta las flores, mientras haya flores;
perdona las espinas a las rosas...
¡También se van y vuelan los dolores
como turbas de negras mariposas!

Ama y perdona. Con valor resiste
lo injusto, lo villano, lo cobarde...
Hermosamente pensativa y triste
está al caer la silenciosa tarde.

Cuando el dolor mi espíritu sombrea
busco en las cimas claridad y calma,
y una infinita compasión albea
en las heladas cumbres de mi alma.

Por la ventana

Prostituir al amor... Llegar artero,
de noche, entre las sombras, recatado
esquivando los pasos y, mañero,
la faz hundida y el embozo alzado.

Tender la escala con la vista alerta,
trepar por la pared que se desgrana,
y adonde todos entran por la puerta,
entrar como ladrón, por la ventana.

Apagada la luz, hablando quedo,
temerosos, convulsos, vergonzantes:
sintiendo juntos el amor y el miedo
contar con avaricia los instantes.

Querer que calle hasta el reloj pausado
que cuelga en la pared, alto y sombrío;
ser joven, ser amante, ser amado
y estando juntos ¡tiritar de frío!

Sentir el hielo que en las venas cunde
cuando los nervios crispa el sobresalto;
y maldecir la Luna si difunde
su delatora luz sobre lo alto.

Buscar lo más oscuro de la alcoba
y ver, con vago miedo, las junturas
por donde entra la luz, como quien roba,
cobarde, vil, con antifaz y a oscuras.

Y temblar de pavor si ladra el perro
y si las ondas de la fuente gimen,
de lo que es aire, Sol, hacer encierro,
de lo que es derecho, hacer un crimen.

Besar con miedo, sin rumor, aprisa,
ir siempre de puntillas por la alfombra
y si al cristal hizo crujir la brisa,
temblar pensando que una voz nos nombra.

Cuando canta la alondra, retirarse
atravesando la desierta sala,
y suspenso en el aire, deslizarse,
como vil bandolero por la escala.

Haber envenenado una existencia,
convertido en dolores el contento,
y huésped sepulcral de la conciencia,
albergar un tenaz remordimiento.

Ver encenderse su mejilla roja
temiendo acaso que el pavor la venza,
y al hablarle mirar que se sonroja
y que baja los ojos de vergüenza,
ese no es el amor: amor robado,
que se viste de falso monedero;
ese no es el amor que yo he soñado,
y, si ese es el amor, ¡yo no lo quiero!

Resucitarán

Los pájaros que en sus nidos
mueren, ¿a dónde se van?
¿Y en qué lugar escondidos
están, muertos o dormidos,
los besos que no se dan?

Nacen, y al punto traviesos
hallar la salida quieren;
¡pero como nacen presos,
se enferman pronto mis besos
y, apenas nacen, se mueren!

En vano con raudo giro
éste a mis labios llegó.
Si lejos los tuyos miro...
¿sabes lo que es un suspiro?
¡Un beso que no se dio!

¡Qué labios tan carceleros!
¡Con cadenas y cerrojos
los aprisionan severos,
y apenas los prisioneros
se me asoman a los ojos!

¡Pronto rompe la cadena
de tan injusta prisión,
y no mueran más de pena,
que ya está de besos llena
la tumba del corazón!

¿Qué son las bocas? Son nidos.
¿Y los besos? ¡Aves locas!
Por eso, apenas nacidos,
de sus nidos aburridos
salen buscando otras bocas.

¿Por qué en cárcel sepulcral
se trueca el nido del ave?
¿Por qué los tratas tan mal,
si tus labios de coral
son los que tienen la llave?

—Besos que, apenas despiertos,
volar del nido queréis
a sus labios entreabiertos,
en vuestra tumba, mis muertos,
dice: ¡Resucitaréis!

Si tú murieras

Anoche, mientras fijos tus ojos me miraban
y tus convulsas manos mis manos estre-
chaban,
tu tez palideció.
¿Qué hicieras —me dijiste— si en esta noche
misma
tu luz se disipara, si se rompiera el prisma,
si me muriera yo?

¡Ah! deja las tristezas al nido abandonado,
las sombras a la noche, los dardos al soldado,
los cuervos al ciprés.
No pienses en lo triste que sigiloso llega;
los mirtos te coronan, y el arroyuelo juega
con tus desnudos pies.

La juventud nos canta, nos ciñe, nos rodea;
es grana en tus mejillas; en tu cerebro, idea,
y entre tus rizos, flor;
tenemos en nosotros dos fuerzas poderosas,
que triunfan de los hombres y triunfan de las
cosas:
¡la vida y el amor!

Comparte con mi alma tus penas y dolores,
te doy mis sueños de oro, mis versos y mis
flores
a cambio de tu cruz.
¿Por qué temer los años, si tienes la hermosura;

la noche, si eres blanca; la muerte, si eres
pura;
la sombra, si eres luz?

Seré, si tú lo quieres, el resistente escudo
que del dolor defienda tu corazón desnudo;
y si eres girasol,
seré la parte oscura que en hondo desconsuelo
sin ver jamás los astros se inclina siempre al
suelo;
¡Tú, la que mira al Sol!

La muerte está muy lejos; anciana y errabunda,
evita los senderos que el rubio Sol fecunda,
y por la sombra va;
camina sobre nieve, por rutas silenciosas,
huyendo de los astros y huyendo de las rosas;
¡la muerte no vendrá!

La vida, sonriendo nos deja sus tesoros:
¡abre tus negros ojos, tus labios y tus poros
al aire del amor!
Como la madre monda las frutas para el niño,
¡Dios quita de tu vida, cercada de cariño,
las penas y el dolor!

Ahora todo canta, perfuma o ilumina;
ahora todo copia tu faz alabastrina,
y se parece a ti;
aspiro los perfumes que brotan de tu trenza,
y lo que en tu alma apenas como ilusión co-
mienza,

es voluntad en mí.

¡Ah! deja las tristezas al nido abandonado,
las sombras a la noche, los dardos al soldado;
los cuervos al ciprés.
No pienses en lo triste que sigiloso llega;
los mirtos te coronan, y el arroyuelo juega
con tus desnudos pies.

Siempre a ti

A ti, tan solo a ti, canta mi lira:
ahogar quiero la voz en mi garganta,
pero es en vano, que por ti suspira,
y trémula de amor tu nombre canta.

Perdona, sí, mi sueño y mi delirio;
perdona tanto amor, tanta ternura:
mi alma expira en los brazos del martirio,
y canta, como el cisne su amargura.

Bien sé que tú no escuchas mis querellas;
bien sé que tú mi amor llamas quimera,
y con tus plantas inclemente huellas
la casta flor de mi pasión primera.

Comprendo que tu amor que tanto anhelo,
es sueño de mi loca fantasía,
porque nunca el gusano llega al cielo,
nunca se une la noche con el día.

Yo sé que la desgracia me acompaña,
y sé que tu existencia es de ventura;
ninguna nube tu horizonte empaña,
y yo bebo la hiel de la amargura.

¿Mas qué quieres que haga, dicha mía,
si el triste corazón nunca te olvida.
si en ti piensa mi loca fantasía
y enlazada a la tuya está mi vida?

¡La voluntad!... ¡palabra mentirosa!
¡Quimérico poder el albedrío!
Yo siento que me impulsa poderosa
la mano helada del destino impío.

¡Si mientras lucho más por olvidarte
crece más de mi amor el ansia fuerte!
¡Si aunque yo no lo quiera he de adorarte!
¡Si te he de amar, mi bien, hasta la muerte!

El llanto amargo que por ti derramo
acrece de mi amor el vivo fuego:
mientras más me desprecias, más te amo;
mientras más me desdeñas, más te ruego.

Bien sé que con mi amor te causo enojos,
sé también que tú nunca has de quererme,
y que jamás tus celestiales ojos,
amorosos y tiernos han de verme.

Mas no por eso de mi amor la llama
se extingue como chispa pasajera,
de tu desdén el rayo más la inflama
y se convierte en espantosa hoguera.

Que no es mi amor ligero sentimiento
que dura solo lo que dura un día,
la esencia es de mi propio pensamiento
y el ambiente vital del alma mía.

¡Si pudiera olvidarte! ¡Si pudiera
borrar del pensamiento tu memoria,
ha largo tiempo que arrancado hubiera

la página más triste de mi historia!

¡Mas no!... Si yo jamás quiero olvidarte,
aunque me cause tu desdén dolores!
¡Yo siempre quiero con locura amarte,
y morir cuando mueran mis amores!

Yo no quiero las sombras del olvido
del alma que muere fúnebre sudario;
por más que el corazón solloce herido,
quiero tocar la cumbre del calvario.

Despréciame, aborrece, si lo quieres,
este amor que encendiste, vida mía,
el triste corazón que siempre hieres
morirá bendiciendo su agonía.

Por eso siempre a ti vuela mi acento,
por eso el alma con amor te nombra;
quiero regar tus huellas con mi llanto,
y quiero darte mi alma por alfombra.

Última Necat

¡Huyen los años como raudas naves!
¡Rápidos huyen! Infecunda Parca
pálida espera. La salobre Estygia
calla dormida.

¡Voladores años!
¡Dado me fuera detener convulso,
horas fugaces, vuestra blanca veste!
Pasan las dichas y temblando llegan
mudos inviernos...

Las fragantes rosas
mustias se vuelven, y el enhiesto cáliz
cae de la mano. Pensativa el alba
baja del monte. Los placeres todos
duermen rendidos...

En mis brazos flojos
Cintia descansa.

Libros a la carta

A la carta es un servicio especializado para
empresas,
librerías,
bibliotecas,
editoriales
y centros de enseñanza;
y permite confeccionar libros que, por su formato y concepción, sirven a los propósitos más específicos de estas instituciones.

Las empresas nos encargan ediciones personalizadas para marketing editorial o para regalos institucionales. Y los interesados solicitan, a título personal, ediciones antiguas, o no disponibles en el mercado; y las acompañan con notas y comentarios críticos.

Las ediciones tienen como apoyo un libro de estilo con todo tipo de referencias sobre los criterios de tratamiento tipográfico aplicados a nuestros libros que puede ser consultado en Linkgua-ediciones.com.

Linkgua edita por encargo diferentes versiones de una misma obra con distintos tratamientos ortotipográficos (actualizaciones de carácter divulgativo de un clásico, o versiones estrictamente fieles a la edición original de referencia).

Este servicio de ediciones a la carta le permitirá, si usted se dedica a la enseñanza, tener una forma de hacer pública su interpretación de un texto y, sobre una versión digitalizada «base», usted podrá introducir interpretaciones del texto fuente. Es un tópico que los profesores denuncien en clase los desmanes de una edición, o vayan comentando errores de interpretación de un texto y esta es una solución útil a esa necesidad del mundo académico.

Asimismo publicamos de manera sistemática, en un mismo catálogo, tesis doctorales y actas de congresos académicos, que son distribuidas a través de nuestra Web.

El servicio de «libros a la carta» funciona de dos formas.

1. Tenemos un fondo de libros digitalizados que usted puede personalizar en tiradas de al menos cinco ejemplares. Estas personalizaciones pueden ser de todo tipo: añadir notas de clase para uso de un grupo de estudiantes, introducir logos corporativos para uso con fines de marketing empresarial, etc. etc.

2. Buscamos libros descatalogados de otras editoriales y los reeditamos en tiradas cortas a petición de un cliente.

Lk

www.ingramcontent.com/pod-product-compliance
Lightning Source LLC
Chambersburg PA
CBHW020758130626
46554CB00006B/2247